AF366411

HAIKUS

DESDE EL BALCÓN

María Pasquín

Es propiedad de: © 2020 Amazing Books S.L. www.amazingbooks.es

Director editorial: Javier Ábrego Bonafonte

Domicilio social: C/ Rosa Chacel N.º 8 escalera 1ª oficina 4º C. 50018 Zaragoza – España

Primera edición: diciembre de 2020

ISBN: 978-84-17403-80-5

DL: Z 1638-2020

Cómo citar este libro:

Pasquín M. HAIKUS DESDE EL BALCÓN. 1.ª edición 2020. Editorial Amazing Books; ISBN: 978-84-17403-80-5

A Vicente, a mis hij@s y familia, en este año complejo.

A mis compañer@s en la profesión por darlo todo y más en
estos meses tan duros y los que vienen.

A tod@s los que esta pandemia les ha sumido en un
profundo dolor.

"La literatura prestigia la realidad,

la poesía ayuda a aceptar el destino

pasajero de la vida"

Haikus, bengalas,

estaciones: Pompas de

Literatura.

Madrid, 20 mayo 2020

María Pasquín

Prólogo

Es innegable que la epidemia del coronavirus lo ha puesto todo «patas arriba». Nos ha recordado que somos frágiles, vulnerables y que a veces caminamos demasiado cerca del precipicio. Hemos visto detenerse el mundo desde los balcones. Los sanitarios hemos hecho un trabajo increíble durante esta crisis. Hemos trabajado a destajo, desbordados y en un mar de incertidumbres. Hemos visto morir a nuestros pacientes y a nuestros propios compañeros. Todos hemos sentido miedo, por nosotros y por nuestras familias. Los que hemos tenido que parar, forzosamente a veces, contemplábamos lo que pasaba a nuestro alrededor con una mezcla de impotencia y de culpa pensando que nuestro hueco debía estar junto a nuestros compañeros y no en casa. La medicina de familia es la medicina de las personas, y cuando hemos vuelto a nuestras consultas no solo hemos visto a los enfermos, sino que hemos sido conscientes del dolor y de la angustia de nuestros pacientes, de la dureza de los duelos sin despedida, de la soledad de los mayores, del miedo de nuestros pacientes, no solo a la enfermedad, sino también a la perdida de trabajo, de sus negocios, de su familia, de su libertad... En definitiva, hemos sido conscientes de lo difícil que es un mundo sin abrazos, sin besos y sin sonrisas, parapetados como estamos todos tras las mascarillas quirúrgicas. Como médicos de familia y de las personas, hemos sido testigos cercanos de los estragos del coronavirus que, si bien nos ha afectado a todos por igual, sus consecuencias serán seguro mucho más devastadoras en la población más desfavorecida. Ahora bien, también el coronavirus nos ha unido más, nos ha hecho más fuertes. Nos ha demostrado el valor del compañerismo, del trabajo en equipo, de compartir la información científica, de las ideas innovadoras y también de la angustia compartida.

El coronavirus nos ha hecho descubrir de nuevo el inmenso valor de las personas (siempre las personas) y las enormes capacidades de cada uno de los que componemos la sanidad de este país. Y no solo de nosotros, sino también de nuestros vecinos, pequeños héroes anónimos que en ocasiones nos han hecho conmover con sus gestos y que nos recuerdan la grandeza de nuestra gente, de nuestros ciudadanos, de los que haremos que este país salga adelante.

De todo esto habla un poco este libro. Y solo me queda darte muchísimas gracias, compañera, por recordarnos que, de las cosas más horribles como una pandemia, puede salir algo tan bonito como un libro o una poesía. Y que el arte y la literatura nos hacen también más humanos, más cercanos, más libres, en definitiva, más personas, como aquellas a las que a diario pretendemos cuidar con nuestro trabajo. A mí, tu poemario me ha hecho pensar mucho.

Espero que disfrutéis del libro, al menos, tanto como yo.

Un saludo.

Cinta Hernández.
Médica de familia. Vocal de Grupo de la
Junta Directiva de SoMaMFYC.

Coronavirus,
astronauta visceral.
Letal cascada (fatal, mortal)

Marzo atravesó
afligido el encierro.
Vuelo hacia el Sol.

Surca el planeta,
mandarín de cuna, el
virus perverso.

Abril del veinte
veinte, tañen, repican,
gimen estirpes.

Doblan lánguidas.
Exequias en las calles
de abril por Madrid.

Un mes sin madre,
para ir solas, ella y tú,
al tanatorio.

Es terrible la
soledad a la muerte.
Yugo final.

Altar de abril:
madre, fe, luz. En ti
llanto y dolor, hoy.

02/14/2021

Agoniza la

memoria de mayores.

Yerma es la tierra.

Almudena, San

Isidro, Carabanchel

y más, rebosan.

Zozobra, astenia,

se quebrantan los pueblos

en la tortura.

Palmas, las ocho.

Domingo de ramos y el

olivo sana.

Apocalipsis
sanitario: no sumas,
sobras. Axioma.

Se asfixia, sedas,
insuflas savia intubas.
Sed de alma y aire.

Calma. Palpita
la lluvia inagotable.
Corazón, late.

Trías, te aplauden.
Aterra sostener la
contienda en casa.

Presa del cáncer
en el Wuhan de Madrid,
privilegiada.

Hij@s ausentes.
Cachorros confinados,
actual perenne.

Jazz del llanto...
aflige ese gemido,
fuga fugaz.

Pensé, si muero,
ser cenizas al viento,
sílice y *blues*.

Ayer, Notre Dame.
Hoy, fila sanitaria al
Réquiem de Bach.

Siempre sonrisa
de aliento, rosa fresca,
tras las máscaras.

A ciegas, como
la Luna en la tormenta,
sin EPIs ni test.

Siente el paciente:
Primaria es la Atención,
te ven en casa.

Es tu refugio
tu hogar, guarécete,
al virus huye.

Madrid, un pueblo.
Charla ahora la gente,
una corrala.

Vuelan recetas
de balcón a balcón,
tocan torrijas.

Gym de balcón,
marzo profesional.
Ropa oreada.

Truenos y estruendos,
amar en la tormenta.
Siesta de abril.

Yogur, limón,
harina, aceite, azúcar.
Levadura, ¿hay?

Alud de gestos,
la cosecha esperada.
Ama y resiste.

Encontrar amor...
El de mi vida (*phone!*)
¡Cuarentena! (¡Oh!)

Ciencia, Atenea.
Imbatible humanidad:
Filosofía.

Poder y fútbol,
ciencia desmantelada:
Fango de ídolos.

Sufre la gente.
El seísmo en la Bolsa
tuerce la vida.

Las gradas en Red
son la Mérida virtual,
Roma y Atenas.

Aúlla el balcón.
Camina con su padre
la niña autista.

Piedra o granizo,
locura confinada.
Bala cobarde.

El alarido (del metro)
espanta el corazón:
¡Sin mascarilla!

Cartas a enfermos:
¡Urgencia de ternura!
Unge el bálsamo.

02/08/2021

Porfiados pían,
gorjean las palomas.
Mañana ajena.

Planeta tierra:
¡Por fin, sin gente! ¡Libre! (sin gente, sin gente, sin gente)
Respira el aire.

Las Cuatro Torres
y la sierra descolladas
hacia el azul.

¡Amazónicos!
¡Guardianes del Planeta!
¡No sucumbáis!

Mueren en África
quienes más mueren, danzan
en llanto ancestral.

Aullidos, rabia.
Ululan pena y llanto,
 oculta albórbola.

Haití se abate al
Covid, presa del corrupto
y la pobreza.

Cerca hay hambre,
del metro a una parada,
habrá por tiempo.

Primavera sin
Prosperidad. Más muertes,
 las ondas claman.

                    Ahora y siempre
                    se confina a la mujer
                    y se golpea.

Silva violento
sobre la cabeza echada.
¿Ira celeste?

                    Claquean palmas
                    de un patio callejero.
                    ¡Más alegrías!

02/15/2021

Aguantan bravos.
Lejos, desde el balcón,
el arco iris.

Al Arte, un palco,
teatro, ópera y danza,
One world together.

Tañen afligidas
a difuntos sin serlo.
Repican, tocan.

Sobrecogedor
el reto planetario
que ataca al hombre.

02/17/2021

Hay geranios que
hablan, flores que callan
y otras que mienten.

Es fortaleza
la osadía si reina
la incertidumbre.

Esta pandemia
dinamita dogmas, nos
revoluciona.

Tras el diluvio
viral, regresa Noé.
Arca inversa.

10:23

Aterrador el

SARS-CoV-2 desafía

ciencia y galenos.

Estoy agotad@:

Estrés postraumático

sufre quien cuida.

Teletrabajo es

pacientes en pantalla,

reuniones *online*.

Torna risueño

el otoño del rostro,

luna en el tuyo.

El Sol trae sombras
añoradas; la brisa,
cálido asueto.

Piel con piel, besos,
arrumacos reales, nacientes
al nuevo alba.

Ni el cisne ni la
rosa saben que difícil
es lo bello...

Pesa el pasado
en este presente incierto.
Tiempos extraños.

Papel con certificación PEFC

Compromiso de reciclaje

www.ingramcontent.com/pod-product-compliance
Lightning Source LLC
LaVergne TN
LVHW010704200726
843507LV00011B/2015